PEDRO RUBENS FERREIRA OLIVEIRA

NOVENA DOS SETE SONHOS DE SÃO JOSÉ

Dados Internacionais de Catalogação na Publicação (CIP)
Angélica Ilacqua CRB-8/7057

Oliveira, Pedro Rubens Ferreira
 Novena dos sete sonhos de São José / Pedro Rubens Ferreira Oliveira.
– São Paulo : Paulinas, 2024.
 104 p. (Coleção Fé e anúncio)

 ISBN 978-65-5808-260-6

 1. Igreja Católica – Orações e devoções 2. São José, Santo 3. Santos cristãos I. Título II. Série

24-0023 CDD 242.72

Índice para catálogo sistemático:

1. Igreja Católica – Orações e devoções

1ª edição – 2024
1ª reimpressão – 2024

Direção-geral:	*Ágda França*
Editora responsável:	*Marina Mendonça*
Copidesque:	*Ana Cecilia Mari*
Revisão:	*Equipe Paulinas*
Gerente de produção:	*Felício Calegaro Neto*
Produção de arte:	*Elaine Alves*
Imagem da capa:	*Daniele Crespi – Saint Joseph's dream (Kunsthistorisches Museum Wien)*
Foto do autor:	*Alex Costa*

Nenhuma parte desta obra poderá ser reproduzida ou transmitida por qualquer forma e/ou quaisquer meios (eletrônico ou mecânico, incluindo fotocópia e gravação) ou arquivada em qualquer sistema ou banco de dados sem permissão escrita da Editora. Direitos reservados.

Cadastre-se e receba nossas informações
paulinas.com.br
Telemarketing e SAC: 0800-7010081

Paulinas
Rua Dona Inácia Uchoa, 62
04110-020 – São Paulo – SP (Brasil)
(11) 2125-3500
editora@paulinas.com.br
© Pia Sociedade Filhas de São Paulo – São Paulo, 2024

Sumário

Povo de Deus, um povo que sonha 5
Cardeal José Tolentino Mendonça
Apresentação 8
Distribuição da novena 13
   1º Dia – Celebração de abertura 15
   2º Dia – São José, o sonho de uma aliança
   de amor 25
   3º Dia – São José, o sonho com um mundo
   melhor 33
   4º Dia – São José, o sonho com uma
   família feliz 41
   5º Dia – São José, o sonho com um dia a dia
   tranquilo 49
   6º Dia – São José, o sonho com lugar para
   chamar de seu 57
   7º Dia – São José, o sonho do povo trabalhador ... 65
   8º Dia – São José, o sonho com a boa morte 73
   9º Dia – Ofício de São José Sonhador 82
Cantos 88
Orações 96
Cordel – 7 sonhos de São José 99
Antônio Marinho

Novena criada por ocasião
da construção da Torre São José,
da Igreja de São João Evangelista,
Comunidade do discípulo amado.

Vazantes, Aracoiaba, CE

"Eu quero ver, eu quero ver,
acontecer um sonho bom,
sonho de muitos acontecer."

Zé Vicente

Povo de Deus, um povo que sonha

Sobre o sonho se pode dizer duas coisas. A primeira é reconhecer que os sonhos permanecem uma coisa que nem a ciência consegue explicar completamente, remetendo-nos para esse mistério que continua sendo a vida. A segunda é afirmar que todos sonham, mesmo aqueles que depois não recordam nada. Todos têm sonhos. É impossível não sonhar.

Se é assim, para que servem os sonhos? Para nos ajudar a fazer um trabalho no interior de nós próprios. Há quem diga, por exemplo, que os sonhos nos ajudam a arrumar as experiências do vivido, através de uma reelaboração das nossas emoções (alegria, esperança, solidão, medos). Dessa forma, os sonhos teriam a ver com a necessidade de pôr ordem no passado. Outros defendem que os sonhos têm, sobretudo, a ver com o futuro, porque dão conta daquilo que é o nosso desejo mais profundo. Outros garantem ainda que os sonhos permitem encontrar soluções novas e criativas para os obstáculos da vida.

A Bíblia mostra bem como os sonhos são importantes, pois eles representam um lugar onde Deus intervém. Não é por acaso que a Palavra de Deus nos conta tantos sonhos, feitos com os olhos fechados e com os olhos abertos. Deus estimula a nossa capacidade de sonhar. E sonhar também quer dizer ver além, enxergar a vida com clareza profética, ser faminto de um futuro novo que só Deus pode revelar e iluminar. Deus não nos deixa instalados no superficial, nem caídos no embaraço que parece não ter saída. Ele alavanca a vida do seu povo dando-lhe sonhos e ajudando para que se realizem concretamente como história da salvação.

Que beleza é esta novena a São José que o Padre Pedro Rubens Ferreira Oliveira, sj, nos propõe. Ele, grande teólogo com coração de pastor, encontra as ideias e as palavras atuais para nos guiar na contemplação do exemplo de São José, patrono da Igreja que caminha. A melhor maneira de entender os sonhos de José é mesmo rezá-los. E rezando recuperamos, também nós, a capacidade de sonhar, recebendo de Deus a reconciliação com o passado e o desejo de um futuro autêntico, de fraternidade, esperança e fé.

A maravilhosa figura de São José, como recorda o Papa Francisco na Carta Apostólica *Patris Corde*, é "tão próxima da condição humana de cada um de nós" e testemunha que amar significa introduzir o outro na experiência da vida plena.

Cardeal José Tolentino Mendonça

Apresentação

"Eu gosto muito de São José porque é um homem forte e silencioso. No meu escritório, tenho uma imagem de São José Sonhador, e mesmo dormindo ele cuida da Igreja. Quando tenho um problema ou uma dificuldade, eu escrevo em um papelzinho e o coloco embaixo de São José, para que ele sonhe sobre isso. Isso significa: para que ele reze por esse problema", afirmou, em um discurso às famílias, o Papa Francisco.

Essa devoção do Papa e de tantas outras pessoas combina muito com o Brasil, considerando que a religiosidade popular é uma matriz do rosto plural da fé em nosso país. Não por acaso, muita gente recebe o nome desse santo ou, ainda, tem José na formação de nomes compostos (José Maria, Maria José, Francisco José, Joseneide, Josefina, Zé etc.). Várias cidades e comunidades têm São José como santo patrono e eu, particularmente, como cearense, fui marcado pelo fato de ele ser padroeiro do meu estado. Uma das razões dessa grande devoção é a associação de São José com a esperança do povo sofredor, com a vida dos trabalhadores, com a prática religiosa das pessoas, enfim, com a vida das pessoas justas que esperam em Deus.

Para além do campo religioso e cultural, o santo popular deu nome a um projeto de política pública para abastecimento de água nas comunidades rurais, no Ceará, principalmente nas que convivem com a seca. Graças a esse projeto, as casas das famílias agora são abastecidas com água, como foi o caso da nossa comunidade. Isso não é milagre, é direito e conquista – mas é algo que também pode ser associado a São José, que buscou melhores condições de vida para a sua família e seu povo. E, nessa mesma linha, quando se começou a pensar na construção da segunda torre da igreja de Vazantes, uma das mais belas e antigas do maciço de Baturité, datada de 1895, logo ela passou a ser dedicada a São José. Essa igreja, erguida no passado, foi conservada ao longo de mais de cem anos, e a continuidade da obra é um verdadeiro monumento simbólico dos mutirões de uma comunidade viva. Eis, portanto, um contexto favorável não só para agradecer pelos bons tempos de chuva, pelas superações de dificuldades nos tempos de seca e pelas conquistas das comunidades que esperam em Deus, mas também para renovar essa admirável devoção popular, espalhada pelo mundo e renovada com o Papa Francisco.

Foi pensando nas pessoas que gostam de rezar em casa, nas comunidades que não têm assistência religiosa, na valorização das "igrejas domésticas" que a pandemia colocou em evidência e na possibilidade de propor redes de orações on-line, que decidi propor esta novena, inspirada na religiosidade popular e no estilo dos círculos bíblicos.

Existem algumas novenas de São José elaboradas e disponíveis nas redes sociais. Mas, depois de pesquisar um pouco, percebi que havia ainda a possibilidade de criar algo diferente e original, ressaltando a importância dos sonhos na vida de São José. Podemos destacar quatro sonhos de José de quando ele se encontrava dormindo e projetar outros tantos de quando estava acordado, junto com seu povo. Afinal, como dizia John Lennon, Raul Seixas, Dom Helder Camara e, ainda, como canta tão bem Zé Vicente, líder das comunidades: "Sonho que se sonha só pode ser pura ilusão; sonho que se sonha juntos é sinal de solução. Companheira, companheiro, vamos ligeiro sonhar em mutirão!".

Relembrando os Evangelhos, diante da gravidez "fora do comum" de sua noiva, José, um homem justo, resolveu abandonar Maria, em silêncio, para que ela não fosse difamada. Imaginamos que ele devia estar assustado, constrangido, receoso, mas também podemos afirmar que havia naquela situação alguns sinais de preconceito, segundo os preceitos de uma sociedade patriarcal, legalista. Seja como for, José havia perdido a capacidade de sonhar. E, por isso, ele resolveu esconder-se, fugir da situação e abandonar Maria, a mulher que amava. No entanto, no caminho ele precisou parar para descansar (inspirados nesse episódio, artistas criaram uma imagem que foi batizada de "São José Sonhador" e, enfatizo, sonhando). Segundo a narrativa bíblica, enquanto José dormia, Deus enviou-lhe um mensageiro em sonho e, graças a isso, tudo mudou.

Com base nas passagens bíblicas e nas tradições populares, propomos que, nesta novena, cada família ou cada pessoa "convide São José a dormir em sua casa", como faz o Papa Francisco, e, também, que expresse as suas preocupações e desejos em um papel para que ele possa interceder e transformar tudo em sonhos de Deus para sua vida.

Esta novena foi inspirada, escrita e rezada, pela primeira vez, na comunidade eclesial do Distrito de Vazantes, na paróquia de Nossa Senhora das Graças, da arquidiocese de Fortaleza, por ocasião da construção da segunda torre da Igreja de São João Evangelista, a Comunidade do discípulo amado.[1]

Agradeço, em nome da comunidade, às irmãs do Instituto Jesus Maria José, que, no seu primeiro ano de missão, acompanharam a novena na casa das famílias, avaliando-a e concluindo-a com uma celebração na igreja. Nessa oportunidade, os papéis em que as pessoas escreveram seus sonhos foram depositados aos pés de São José e, ao final, incinerados, mas, juntamente com a fumaça perfumada pelo incenso, desejos e preces subiram aos céus, na esperança de voltarem na forma de uma chuva de bênçãos e realizações.

São José, patrono de um povo que sonha, rogai por nós!

Pedro Rubens Ferreira Oliveira, sj
Filho das vazantes do rio Aracoiaba

---

[1] Ver MALZONI, Cláudio Vianney; PACHECO, L.; OLIVEIRA, Pedro Rubens F. *As portas de uma Igreja aberta segundo João Evangelista: e outras histórias que a Bíblia não contou.* São Paulo: Paulinas, 2019.

Distribuição da novena

1. *Abertura* (a depender dos dias disponíveis, descontando-se os domingos): missa ou celebração da entrega da imagem de "São José Sonhador".
2. *Sete dias de novena com os 7 sonhos de José* (entre o 1º dia de abertura e a missa/celebração de encerramento): cada dia da novena poderá ser realizado em uma casa sorteada entre os participantes. Basicamente, essa parte terá como tema, cada dia, um dos sonhos de José: quatro sonhos em que ele está dormindo, conforme registrado nos Evangelhos; e três sonhos em que está acordado, de acordo com a tradição bíblica ou a devoção popular.
3. *Encerramento*: o participante poderá participar da missa em alguma igreja da sua cidade ou nas redes sociais. E, se não houver possibilidade de acesso à Eucaristia, proponho que se reze o ofício divino a São José, disponível na internet.
4. Sugerimos alguns cantos, que estão no final da novena.

Roteiro para cada dia
1. Canto de abertura
2. Motivação
3. Escuta da Palavra de Deus
4. Partilha da vida ou meditação à luz da Palavra de Deus
5. Preces dos fiéis (e sonhos da comunidade)
6. Pedido de graça: "Oração a São José Sonhador"
7. Gesto orante; canto de meditação
8. Oração de filiação a Deus
9. Oração final
10. Bênção e despedida; canto final

1º Dia
Celebração de abertura

Opção 1: em uma comunidade eclesial ou em grupos formados por familiares, amigos ou vizinhos, pode-se fazer um encontro de abertura e partilha, com o roteiro que se segue.

Opção 2: embora pensado para novena em comunidade ou em grupos (inclusive virtuais), se alguém quiser rezar sozinho, o roteiro é adaptável.

1. Canto de abertura

"Nas horas de Deus, amém!" (Zé Vicente)

2. Motivação

(Se houver missa, as palavras de motivação abaixo poderão servir de comentário inicial; se não houver, o(a) animador(a) pode abrir a celebração com algumas palavras de motivação, semelhantes a estas abaixo.)

Animador(a): São José, esposo de Maria e pai terreno de Jesus, desperta a devoção do nosso povo em geral e do Papa Francisco em particular. Isso se explica porque o santo padroeiro da Igreja universal, assim como do estado do Ceará e de algumas cidades, como, por exemplo, São José do Egito (PE), reúne muitas características importantes para nossa vida de fé em comunidade: homem simples e corajoso, praticante da religião e discreto, trabalhador e justo, bom esposo e pai, associado ao bom inverno ou à peleja dos mais empobrecidos e, até mesmo, conhecido como patrono da boa morte. Nestes dias em que estivermos fazendo a novena, vamos nos aprofundar em todas essas dimensões a respeito desse santo, mas, de modo especial, iremos nos ater a um aspecto muito importante na vida dele: São José era uma pessoa de muitos sonhos. Que Deus nos faça sonhar como o bom José!

(Prosseguir a missa ou a celebração da novena.)

Animador(a) ou presidente da Eucaristia: No início desta caminhada com São José sonhador, peçamos a Deus perdão pelas nossas falhas.

3. Ato penitencial

- Pelas vezes em que desistimos de nossos sonhos ou desanimamos as outras pessoas de sonharem, Senhor, tende piedade de nós...
- Pelas vezes em que nos mantemos fechados em nossos sonhos egoístas, deixando as outras pessoas de fora, como, por exemplo, as da família ou da comunidade, Cristo, tende piedade de nós...
- Pelas vezes em que não conseguimos transformar sonhos em projetos e projetos em realidade, por falta de planejamento, de perseverança ou de união, Senhor, tende piedade de nós...

Que Deus todo-poderoso e amoroso, rico em misericórdia, perdoe os nossos pecados e nos ensine a sonhar como São José, para que, assim, possamos contribuir com a construção do Reino. Por Cristo, vosso Filho e nosso irmão, na unidade do Espírito Santo. Amém.

Oremos

(Fazer a oração da coleta da missa ou uma prece pessoal. Depois, dar seguimento à novena com as leituras da liturgia do dia ou seguir para o canto de aclamação.)

Animador(a): Vamos escutar a Palavra de Deus contida nas Sagradas Escrituras, especialmente para identificar, em algumas passagens dos Evangelhos, os grandes sonhos de São José.

Aclamação

(À escolha.)

Recordemos os 7 grandes sonhos de São José, segundo a Bíblia e as grandes tradições:

- *Primeiro sonho*: em Mateus 1,20-21, o anjo pede a José que não tenha medo de desposar Maria, pois o filho que ela carrega fora gerado pelo Espírito Santo.
- *Segundo sonho*: em Mateus 2,13, José é alertado para que deixe Belém e fuja para o Egito com sua família.
- *Terceiro sonho*: em Mateus 2,19-20, ainda no Egito, José recebe a notícia de que Herodes morreu e que é seguro retornar.
- *Quarto sonho*: em Mateus 2,21, José é avisado para ir a Nazaré, na Galileia.

Além desses sonhos em que São José estava adormecido, temos também indícios de sonhos em que ele se encontrava acordado:

- *Quinto sonho*: em Mateus 1,19, o evangelista refere-se a José como "homem justo", porque, ao tomar conhecimento da misteriosa gestação de Maria, que seria sua esposa, a angústia e a dúvida tomam conta do seu coração. Ele era um homem justo e que amava a justiça.
- *Sexto sonho*: segundo os relatos, José era justo e, também, amava muito Maria e, portanto, casar-se com ela e formar uma família feliz, vivendo para o bem dessa família, era seu grande sonho de vida.
- *Sétimo sonho*: enfim, existe na região ibérica, sobretudo na Espanha, uma forte tradição de José como patrono da boa morte. A razão é simples, segundo a devoção popular: quem falece ao lado de Maria e de Jesus tem uma boa morte.

Que os sonhos de José nos inspirem e que, ao longo desses dias, possamos despertar sonhos importantes para animar a nossa vida e também a nossa comunidade.

(Se houver missa, ela pode ser realizada normalmente, sendo combinado com o padre a melhor forma de encaixar as orações que se seguem.)

4. Ladainha de São José
Senhor, tende piedade de nós.
Jesus Cristo, tende piedade de nós.
Senhor, tende piedade de nós.
Deus Pai do Céu, tende piedade de nós.
Deus Filho, Redentor do mundo,
tende piedade de nós.
Deus Espírito Santo, tende piedade de nós.
Santíssima Trindade, que sois um só Deus,
tende piedade de nós.
Santa Maria, rogai por nós.
São José, descendente de Davi,
Luz dos patriarcas,
Esposo de Maria Santíssima,
Pai nutrício do Filho de Deus,
Insigne defensor de Cristo,
Sonho dos justos,
Amparo das famílias,

Espelho de paciência,
Exemplo de fiel praticante,
Solidário com os migrantes e refugiados,
Amigo dos pobres,
Alívio dos infelizes,
Esperança dos enfermos,
Patrono dos trabalhadores do campo e da cidade,
Protetor da Igreja, rogai por nós.
Jesus Cristo, ouvi-nos.
Jesus Cristo, atendei-nos.
Cordeiro de Deus que tirais o pecado do mundo, perdoai-nos, Senhor.
Cordeiro de Deus que tirais o pecado do mundo, ouvi-nos, Senhor.
Cordeiro de Deus que tirais o pecado do mundo, tende piedade de nós.
Rogai por nós, São José, para que sejamos dignos das promessas de Cristo.

5. Pedido de graça
"Oração a São José sonhador"

Animador(a): Rezemos:

Meu querido São José, dormindo e sonhando:
aprendemos, com o Evangelho, que até dormindo
escutaste a voz de Deus com a prontidão de praticá-la.
Hoje, confiante em tua preciosa intercessão,
consagro-te as alegrias e as tristezas de cada dia.
Consagro-te minha vida, minha casa, minha família
e meu trabalho.
Ajuda-me a te imitar sendo uma pessoa de bem,
vivendo o amor, o perdão, a justiça e a verdade.
Quero seguir o teu caminho de fé,
esperança e amor, sonhando com um mundo mais
justo e fraterno.
Agora, eu te peço, meu querido São José sonhador,
sonha com este meu pedido junto de Deus e
intercede por mim alcançando-me esta graça...

(Em silêncio, com confiança, fazer o pedido.)

Como és padroeiro da Igreja universal,
de tantas cidades brasileiras,
padroeiro das chuvas e do povo trabalhador,
da cidade e do campo,

com o auxílio do Espírito Santo,
assumo diante de ti (e dos que rezam comigo)
o desejo de transformar sonhos em realidade,
na minha vida, na minha família
e na nossa comunidade.
Amém.

Canto de meditação

"Eu quero ver" (Zé Vicente)

6. Oração de filiação a Deus

Animador(a): Assim como qualquer criança, Jesus aprendeu a pronunciar "papai" olhando para uma pessoa real: José. Mas, certamente, Maria e José também o ensinaram a chamar a Deus de *Abbá*, Pai, Papaizinho. Assim, com a mesma familiaridade, rezemos a oração que o Senhor ensinou aos seus discípulos, dizendo: *Pai nosso...*

7. Oração final a São José
(Papa Francisco)
Animador(a): Oremos.

(Todos repetem frase a frase.)

Ó bondoso São José:
"A vós, Deus confiou o seu Filho;
em vós, Maria depositou a sua confiança;
convosco, Cristo tornou-se humano como nós!
Ó bem-aventurado José,
mostrai-vos pai também para nós
e guiai-nos no caminho da vida.
Alcançai-nos graça, misericórdia e coragem,
e defendei-nos de todo o mal".
Amém.

8. Bênção e despedida (se não houver missa)

(O texto da bênção pode ser adaptado a cada localidade e, também, à celebração individual.)

Animador(a) ou cada pessoa individualmente: Com Jesus, Maria e José, peçamos a Deus que nos abençoe e nos guarde, mostre sua face amiga e nos dê a paz. Em nome do Pai, do Filho e do Espírito Santo. Amém.

9. Canto final

"Hino de São José" (D.R.)

2º Dia
São José, o sonho de uma aliança de amor

1. Canto de abertura

"Nas horas de Deus, amém!" (Zé Vicente)

2. Motivação

Animador(a): Imaginamos que o primeiro grande sonho de José era casar com Maria, jovem que lhe fora prometida em casamento (Lc 1,27). Mas a realidade da gravidez "fora do comum" de sua noiva foi, ao mesmo tempo, uma experiência extraordinária e estranha, e não só para ela, mas também para ele. Escutemos trechos dessa passagem do Evangelho para aprofundar a verdade sobre os pais terrenos de Jesus de Nazaré, Filho de Deus e nosso irmão.

3. Escuta da Palavra de Deus: Acontecimentos da vida e os sonhos de Deus

Animador(a): O anúncio da visita de Deus à humanidade, no seio de Maria, prometida em casamento a José, foi uma grande alegria para ela, mas gerou muita confusão na cabeça e no coração de seu noivo. Como sabemos, ele decidiu desistir do sonho de se casar com a mulher que amava. Desencantado, resolveu fugir. Mas, por meio de um sonho, Deus enviou um mensageiro para explicar-lhe que Maria não estava mentindo, pois o Menino era o filho da promessa messiânica, o Filho de Deus. Arrependido, José voltou para receber aquela que fora prometida como sua esposa. Meditemos, neste segundo dia da novena, sobre a vida dos casais, a partir do primeiro sonho do bom José – casar-se com Maria –, de forma a refletir sobre os problemas que é preciso enfrentar na vida a dois.

Aclamação

(À escolha.)

Leitor(a): A boa notícia de Jesus Cristo, segundo Lucas (1,26-38)

[26]Quando Isabel estava no sexto mês, o anjo Gabriel foi enviado por Deus a uma cidade da Galileia, chamada Nazaré, [27]a uma virgem prometida em casamento a um homem de nome José, da casa de Davi. A virgem se chamava Maria. [28]O anjo entrou onde ela estava e disse: "Alegra-te, cheia de graça! O Senhor está contigo". [29]Ela perturbou-se com estas palavras e começou a pensar qual seria o significado da saudação. [30]O anjo, então, disse: "Não tenhas medo, Maria! Encontraste graça junto a Deus. [31]Conceberás e darás à luz um filho, e lhe porás o nome de Jesus. [32]Ele será grande; será chamado Filho do Altíssimo, e o Senhor Deus lhe dará o trono de Davi, seu pai. [33]Ele reinará para sempre sobre a descendência de Jacó, e o seu reino não terá fim". [34]Maria, então, perguntou ao anjo: "Como acontecerá isso, se eu não conheço homem?" [35]O anjo respondeu: "O Espírito Santo descerá sobre ti, e o poder do Altíssimo te cobrirá com a sua sombra. Por isso, aquele que vai nascer será chamado santo, Filho de Deus. [36]Também Isabel, tua parenta, concebeu um filho na sua velhice. Este já é o sexto mês daquela que era chamada estéril, [37]pois para Deus nada é impossível". [38]Maria disse: "Eis aqui a serva do Senhor! Faça-se em mim segundo a tua palavra". E o anjo retirou-se de junto dela.

Palavra da salvação.

4. Partilha da vida ou meditação à luz da Palavra de Deus

Animador(a): Para ajudar na conversa ou na meditação pessoal:

- A respeito dessa história tão conhecida, o que mais tocou seu coração hoje?
- Quais os maiores sonhos que você tem com relação à vida a dois? Por que muitos casais deixam de sonhar?
- Quais são os seus maiores "medos"? E quais são os "anjos", mensageiros de Deus, que ajudam a vencer medos?

5. Preces dos fiéis (e sonhos da comunidade)

Animador(a): Rezemos a Deus, para pedir a intercessão de São José, dizendo:

R.: *São José, rogai por nós que a ti recorremos.*

- Pelos jovens namorados, para que aprendam a dialogar e a confiar um no outro, rezemos...
- Pelos jovens casais, para que guardem o amor um pelo outro e aprendam, com a experiência, a confiar um no outro, rezemos...

- Pelos casais que estão em crise, para que superem as dificuldades e amadureçam em seu relacionamento, rezemos...
- Pelos casais juntos há bastante tempo, para que renovem seu compromisso matrimonial a cada dia, rezemos...
- Pelos viúvos ou viúvas, para que possam reinventar suas vidas, superando a dor da perda e a solidão, rezemos...
- Pelos casais separados e por tantas outras situações familiares, para que, contemplando a Sagrada Família, encontrem conforto e força para viver, rezemos...
- Enfim, para que José, conhecido pelo silêncio, nos inspire a rezar por nossas intenções pessoais.

(Depois de um minuto de silêncio, o[a] animador[a] diz):

Rezemos ao Senhor...

6. Pedido de graça
"Oração a São José sonhador"

Animador(a): Rezemos:

Meu querido São José, dormindo e sonhando: aprendemos, com o Evangelho, que até dormindo

escutaste a voz de Deus com a prontidão de praticá-la.
Hoje, confiante em tua preciosa intercessão,
consagro-te as alegrias e as tristezas de cada dia.
Consagro-te minha vida, minha casa,
minha família e meu trabalho.
Ajuda-me a te imitar sendo uma pessoa de bem,
vivendo o amor, o perdão, a justiça e a verdade.
Quero seguir o teu caminho de fé,
esperança e amor, sonhando com um mundo mais
justo e fraterno.
Agora eu te peço, meu querido São José sonhador,
sonha com este meu pedido junto de Deus e
intercede por mim alcançando-me esta graça...

(Em silêncio, com confiança, fazer seu pedido.)

Como és padroeiro da Igreja universal,
do Ceará e de tantos lugares,
padroeiro das chuvas e dos trabalhadores,
com o auxílio do Espírito Santo,
assumo, diante de ti e dos que rezam comigo,
o desejo de transformar sonhos em realidade,

na minha vida, na minha família
e na nossa comunidade.
Amém.

7. Gesto orante
Animador(a): Segundo uma tradição antiga, devemos colocar perto de São José sonhador o papel no qual escrevemos nossos sonhos ou, então, em silêncio, confiarmos a ele os sonhos que temos em nosso coração, enquanto cantamos e meditamos...

Canto de meditação
"Eu quero ver" (Zé Vicente)

8. Oração de filiação a Deus
Animador(a): Assim como qualquer criança, Jesus aprendeu a pronunciar "papai" olhando para uma pessoa real: José. Mas, certamente, Maria e José também o ensinaram a chamar a Deus de *Abbá*, Pai, Papaizinho. Assim, com a mesma familiaridade, rezemos a oração que o Senhor ensinou aos seus discípulos, dizendo: Pai nosso...

9. Oração final (Papa Francisco)
Animador(a): Oremos.

(Juntos ou individualmente.)

Ó bondoso São José:
"A vós, Deus confiou o seu Filho;
em vós, Maria depositou a sua confiança;
convosco, Cristo tornou-se humano como nós!
Ó bem-aventurado José,
mostrai-vos pai também para nós
e guiai-nos no caminho da vida.
Alcançai-nos graça,
misericórdia e coragem,
e defendei-nos de todo o mal".
Amém.

10. Bênção e despedida
Animador(a) ou cada pessoa individualmente: Com Jesus, Maria e José, peçamos a Deus que nos abençoe e nos guarde, mostre sua face amiga e nos dê a paz. Em nome do Pai, do Filho e do Espírito Santo. Amém.

Canto final
"Hino de São José" (D.R.)

3º Dia
São José, o sonho com um mundo melhor

1. Canto de abertura

"Nas horas de Deus, amém!" (Zé Vicente)

2. Motivação

Animador(a): Segundo o Evangelho, José era um homem justo (Mt 1,19). Assim, podemos interpretar que, certamente, seu grande sonho era ver um mundo mais justo e mais fraterno, conforme a missão de Jesus. A realidade da gravidez "fora do comum" de Maria foi, ao mesmo tempo, uma experiência extraordinária e estranha, e não só para ela, mas também para seu noivo. Em razão disso, José decidiu abandonar Maria. No entanto, em sonho, Deus mostrou-lhe o outro lado da história. Vamos escutar trechos dessa passagem do Evangelho para aprofundar a verdade sobre os pais terrenos de Jesus de Nazaré, Filho de Deus e nosso irmão.

3. Escuta da Palavra de Deus: O sonho que mudou tudo

Aclamação

(À escolha.)

Leitor(a): A boa notícia de Jesus Cristo, segundo Mateus (1,18-25):

> [18]Ora, a origem de Jesus Cristo foi assim: Maria, sua mãe, estava prometida em casamento a José e, antes de passarem a conviver, ela encontrou-se grávida pela ação do Espírito Santo. [19]José, seu esposo, sendo justo e não querendo denunciá-la publicamente, pensou em despedi-la secretamente. [20]Mas, no que lhe veio esse pensamento, apareceu-lhe em sonho um anjo do Senhor, que lhe disse: "José, Filho de Davi, não tenhas receio de receber Maria, tua esposa; o que nela foi gerado vem do Espírito Santo. [21]Ela dará à luz um filho, e tu lhe porás o nome de Jesus, pois ele vai salvar o seu povo dos seus pecados". [22]Tudo isso aconteceu para se cumprir o que o Senhor tinha dito pelo profeta: [23]"Eis que a virgem ficará grávida e dará à luz um filho. Ele será chamado pelo nome de Emanuel, que significa: Deus conosco". [24]Quando acordou, José fez conforme o anjo do Senhor tinha mandado e acolheu sua esposa. [25]E não teve relações com ela até o dia em que deu à luz o filho, ao qual ele pôs o nome de Jesus.

Palavra da salvação.

4. Partilha da vida ou meditação à luz da Palavra de Deus

Animador(a): Se José tivesse abandonado Maria, não apenas se teria mostrado como um homem orgulhoso, mas também cometeria uma injustiça, inclusive porque havia um real risco de ela ser difamada, marginalizada e até apedrejada, segundo uma prática da lei. Mas José era um homem justo e, por isso, sonhava com um mundo de justiça e fraternidade, assim na terra como no céu, conforme o sonho de Deus para a humanidade.

Infelizmente, muitas mulheres sofrem com o abandono de seus maridos e, ainda, há outras que ficam submissas a eles, por amor aos filhos e para preservar a família. E, ainda pior, muitas delas são vítimas de violência doméstica e, inclusive, várias são assassinadas todos os dias.

Você conhece situações como essas?

Podemos conversar ou meditar um pouco sobre isso, a partir de casos bem concretos que vivenciamos ou presenciamos...

5. Prece dos fiéis
(e sonhos da comunidade)

Animador(a): Rezemos a Deus, pela intercessão de São José, dizendo:

R.: *São José, rogai por nós que a ti recorremos.*

- Por homens e mulheres que trabalham pela promoção da justiça, rezemos ao Senhor...
- Por aquelas pessoas que são injustiçadas, rezemos ao Senhor...
- Por tantas mulheres que foram abandonadas e/ou que tiveram que assumir, sozinhas, os cuidados da família, rezemos ao Senhor...
- Por tantas mulheres vítimas de violência doméstica, rezemos ao Senhor...
- Pelos pais separados, para que continuem amparando seus filhos e filhas, promovendo seu crescimento no amor...
- Por todas as famílias que sofrem com problemas financeiros, rezemos ao Senhor...
- Por tantas famílias que sofrem com o impacto das drogas, rezemos ao Senhor...

(Preces espontâneas.)

6. Pedido de graça

"Oração a São José sonhador"

Animador(a): Rezemos:

Meu querido São José, dormindo e sonhando:
aprendemos, com o Evangelho, que até dormindo
escutaste a voz de Deus com a prontidão de praticá-la.
Hoje, confiante em tua preciosa intercessão,
consagro-te as alegrias e as tristezas de cada dia.
Consagro-te minha vida, minha casa,
minha família e meu trabalho.
Ajuda-me a te imitar sendo uma pessoa de bem,
vivendo o amor, o perdão, a justiça e a verdade.
Quero seguir o teu caminho de fé,
esperança e amor, sonhando com um mundo mais
justo e fraterno.
Agora eu te peço, meu querido São José sonhador,
sonha com este meu pedido junto de Deus e
intercede por mim alcançando-me esta graça...

(Em silêncio, com confiança, fazer seu pedido.)

Como és padroeiro da Igreja universal,
do Ceará e de tantos lugares,

padroeiro das chuvas e dos trabalhadores,
com o auxílio do Espírito Santo,
assumo, diante de ti e dos que rezam comigo,
o desejo de transformar sonhos em realidade,
na minha vida, na minha família
e na nossa comunidade.
Amém.

7. Gesto orante

Animador(a): Segundo uma tradição antiga, devemos colocar perto de São José sonhador o papel no qual escrevemos nossos sonhos ou, então, em silêncio, confiarmos a ele os sonhos que temos em nosso coração, enquanto cantamos e meditamos...

Canto de meditação

"Eu quero ver" (Zé Vicente)

8. Oração de filiação a Deus

Animador(a): Assim como qualquer criança, Jesus aprendeu a pronunciar "papai" olhando para uma pessoa real: José. Mas, certamente, Maria e José também o ensinaram a chamar a Deus de *Abbá*, Pai, Papaizinho. Assim, com a mesma familiaridade, rezemos a oração que o Senhor ensinou aos seus discípulos, dizendo: *Pai nosso...*

9. Oração final (Papa Francisco)
Animador(a): Oremos.

(Juntos ou individualmente.)

Ó bondoso São José:
"A vós, Deus confiou o seu Filho;
em vós, Maria depositou a sua confiança;
convosco, Cristo tornou-se humano como nós!
Ó bem-aventurado José,
mostrai-vos pai também para nós
e guiai-nos no caminho da vida.
Alcançai-nos graça, misericórdia e coragem,
e defendei-nos de todo o mal".
Amém.

10. Bênção e despedida

Animador(a) ou cada pessoa individualmente: Com Jesus, Maria e José, peçamos a Deus que nos abençoe e nos guarde, mostre sua face amiga e nos dê a paz. Em nome do Pai, do Filho e do Espírito Santo. Amém.

Canto final

"Hino de São José" (D.R.)

4º Dia
São José, o sonho com uma família feliz

1. Canto de abertura

"Nas horas de Deus, amém!" (Zé Vicente)

2. Motivação

Animador(a): Segundo as narrativas, José foi um verdadeiro amparo para a família. Amparo para Maria, depois do sonho em que recebeu a mensagem de Deus. Amparo na hora de encontrar um lugar seguro para o nascimento do Menino. Amparo na travessia do deserto, na fuga para o Egito, cheia de perigos. Amparo em uma terra estrangeira. Amparo no retorno, discernindo o melhor caminho. Amparo na vivência da lei e dos costumes. Enfim, amparo no sustento da família e até no afeto e na familiaridade com Deus. Sem idealizar, inclusive porque a família de Jesus passou por muitas dificuldades, pensemos nas necessidades das famílias, com inspiração em São José, sabendo que, no Brasil, muitas mulheres acabam sendo as verdadeiras e únicas responsáveis pela família.

3. Escuta da Palavra de Deus: Um sonho tamanho família

Aclamação

(À escolha.)

Leitor(a): A boa notícia de Jesus Cristo, segundo Lucas (2,1-19)

> ¹Naqueles dias, saiu um decreto do imperador Augusto mandando fazer o recenseamento de toda a terra ²– o primeiro recenseamento, feito quando Quirino era governador da Síria. ³Todos iam registrar-se, cada um na sua cidade. ⁴Também José, que era da família e da descendência de Davi, subiu da cidade de Nazaré, na Galileia, à cidade de Davi, chamada Belém, na Judeia, ⁵para registrar-se com Maria, sua esposa, que estava grávida. ⁶Quando estavam ali, chegou o tempo do parto. ⁷Ela deu à luz o seu filho primogênito, envolveu-o em faixas e deitou-o numa manjedoura, porque não havia lugar para eles na hospedaria. ⁸Havia naquela região pastores que passavam a noite nos campos, tomando conta do rebanho.

⁹Um anjo do Senhor lhes apareceu, e a glória do Senhor os envolveu de luz. Os pastores ficaram com muito medo. ¹⁰O anjo então lhes disse: "Não tenhais medo! Eu vos anuncio uma grande alegria, que será também a de todo o povo: ¹¹hoje, na cidade de Davi, nasceu para vós o Salvador, que é o Cristo Senhor! ¹²E isto vos servirá de sinal: encontrareis um recém-nascido, envolto em faixas e deitado numa manjedoura". ¹³De repente, juntou-se ao anjo uma multidão do exército celeste cantando a Deus: ¹⁴"Glória a Deus no mais alto dos céus, e na terra, paz aos que são do seu agrado!" ¹⁵Quando os anjos se afastaram deles, para o céu, os pastores disseram uns aos outros: "Vamos a Belém, para ver o que aconteceu, segundo o Senhor nos comunicou". ¹⁶Foram, pois, às pressas a Belém e encontraram Maria e José, e o recém-nascido deitado na manjedoura. ¹⁷Quando o viram, contaram as palavras que lhes tinham sido ditas a respeito do menino. ¹⁸Todos os que ouviram os pastores ficavam admirados com aquilo que contavam. ¹⁹Maria, porém, guardava todas estas coisas, meditando-as no seu coração.

Palavra da salvação.

4. Partilha da vida ou meditação à luz da Palavra de Deus

Animador(a): Como sabemos, Jesus nasceu em situações bem precárias, fora da cidade e sem conforto. Em nosso país, temos muitas famílias desamparadas, por desigualdades sociais ou por falta de oportunidades e políticas de governo, mas também por falhas humanas, machismo, violência etc.

- Quais as situações de maior desamparo da nossa comunidade ou de pessoas que você conhece, seja no trabalho ou no dia a dia?
- O povo brasileiro é muito solidário e promove muitas campanhas para ajudar as pessoas que precisam, inclusive, desde 1964, temos as campanhas da fraternidade. De que forma você tem participado desses momentos, em ocasiões de catástrofes ou em situações de necessidade?
- De que forma podemos ajudar as pessoas desamparadas e buscar soluções mais duradouras para suas necessidades?

5. Preces dos fiéis
(e sonhos da comunidade)

Animador(a): Rezemos a Deus, pedindo a intercessão de São José, dizendo:

R.: *São José, rogai por nós que a ti recorremos.*

- Pelas famílias mais empobrecidas, que carecem de moradia digna, do pão de cada dia e de oportunidades, rezemos ao Senhor...
- Pelas pessoas desamparadas por conta de mortes, doenças ou abandono, rezemos ao Senhor...
- Pelas mulheres que são desamparadas pelos companheiros ou até pela própria família, rezemos ao Senhor...
- Por tantas crianças desamparadas pelas condições de vida dos pais, rezemos ao Senhor...
- Pelos adolescentes e jovens que se sentem desamparados, revoltados com algumas situações da vida, e que acabam caindo no mundo das drogas, rezemos ao Senhor...
- Por todas as pessoas que, de uma forma ou de outra, sentem-se desamparadas, rezemos ao Senhor...

(Preces espontâneas.)

6. Pedido de graça
"Oração a São José sonhador"

Animador(a): Rezemos:

Meu querido São José, dormindo e sonhando:
aprendemos, com o Evangelho, que até dormindo
escutaste a voz de Deus com a prontidão de praticá-la.
Hoje, confiante em tua preciosa intercessão,
consagro-te as alegrias e as tristezas de cada dia.
Consagro-te minha vida, minha casa, minha família
e meu trabalho.
Ajuda-me a te imitar sendo uma pessoa de bem,
vivendo o amor, o perdão, a justiça e a verdade.
Quero seguir o teu caminho de fé,
esperança e amor, sonhando com um mundo mais
justo e fraterno.
Agora eu te peço, meu querido São José sonhador,
sonha com este meu pedido junto de Deus e
intercede por mim alcançando-me esta graça...

(Em silêncio, com confiança, fazer seu pedido.)

Como és padroeiro da Igreja universal,
do Ceará e de tantos lugares,
padroeiro das chuvas e dos trabalhadores,
com o auxílio do Espírito Santo,
assumo, diante de ti e dos que rezam comigo,

o desejo de transformar sonhos em realidade,
na minha vida, na minha família
e na nossa comunidade.
Amém.

7. Gesto orante

Animador(a): Segundo uma tradição antiga, devemos colocar perto de São José sonhador o papel no qual escrevemos nossos sonhos ou, então, em silêncio, confiarmos a ele os sonhos que temos em nosso coração, enquanto cantamos e meditamos...

Canto de meditação

"Eu quero ver" (Zé Vicente)

8. Oração de filiação a Deus

Animador(a): Assim como qualquer criança, Jesus aprendeu a pronunciar "papai" olhando para uma pessoa real: José. Mas, certamente, Maria e José também o ensinaram a chamar a Deus de *Abbá*, Pai, Papaizinho. Assim, com a mesma familiaridade, rezemos a oração que o Senhor ensinou aos seus discípulos, dizendo: *Pai nosso...*

9. Oração final (Papa Francisco)

Animador(a): Oremos.

(Juntos ou individualmente.)

Ó bondoso São José:
"A vós, Deus confiou o seu Filho;
em vós, Maria depositou a sua confiança;
convosco, Cristo tornou-se humano como nós!
Ó bem-aventurado José,
mostrai-vos pai também para nós
e guiai-nos no caminho da vida.
Alcançai-nos graça, misericórdia e coragem,
e defendei-nos de todo o mal".
Amém.

10. Bênção e despedida

Animador(a) ou cada pessoa individualmente: Com Jesus, Maria e José, peçamos a Deus que nos abençoe e nos guarde, mostre sua face amiga e nos dê a paz. Em nome do Pai, do Filho e do Espírito Santo. Amém.

Canto final

"Hino de São José" (D.R.)

5º Dia
São José, o sonho com um dia a dia tranquilo

1. Canto de abertura

"Nas horas de Deus, amém!" (Zé Vicente)

2. Motivação

Animador(a): José ficou conhecido como um homem silencioso, e não encontramos nenhum registro de alguma palavra sua nos Evangelhos. Mas, além de ter familiaridade com Deus, que lhe falava através de sonhos, ele era um homem fiel às tradições religiosas e que agia segundo os costumes da época, como relatam os Evangelhos: conduziu Jesus, recém-nascido, para a circuncisão, apresentou-o no Templo e participava das festas da Páscoa (levou Jesus aos 12 anos). Certamente, não apenas praticou os costumes, mas também educou Jesus a participar da comunidade e sonhou que seu Filho fosse justo, observando a lei, embora com muita liberdade, como veremos no Evangelho de hoje.

3. Escuta da Palavra de Deus:
Sonhar em silêncio, realizar na prática

Aclamação

(À escolha.)

Leitor(a): A boa notícia de Jesus Cristo, segundo Lucas (2,41-52)

⁴¹Todos os anos, os pais de Jesus iam a Jerusalém para a festa da Páscoa. ⁴²Quando completou doze anos, eles foram para a festa, como de costume. ⁴³Terminados os dias da festa, enquanto eles voltavam, Jesus ficou em Jerusalém, sem que seus pais percebessem. ⁴⁴Pensando que se encontrasse na caravana, caminharam um dia inteiro. Começaram então a procurá-lo entre os parentes e conhecidos. ⁴⁵Mas, como não o encontrassem, voltaram a Jerusalém, procurando-o. ⁴⁶Depois de três dias, o encontraram no templo, sentado entre os mestres, ouvindo-os e fazendo-lhes perguntas. ⁴⁷Todos aqueles que ouviam o menino ficavam maravilhados com sua inteligência e suas respostas. ⁴⁸Quando o viram, seus pais ficaram comovidos, e sua mãe lhe disse: "Filho, por que agiste assim conosco? Olha, teu pai e eu

estávamos, angustiados, à tua procura!" [49]Ele respondeu: "Por que me procuráveis? Não sabíeis que eu devo estar naquilo que é de meu Pai?" [50]Eles, porém, não compreenderam a palavra que ele lhes falou. [51]Jesus desceu, então, com seus pais para Nazaré e era obediente a eles. Sua mãe guardava todas estas coisas no coração. [52]E Jesus ia crescendo em sabedoria, tamanho e graça diante de Deus e dos homens.

Palavra da salvação.

4. Partilha da vida ou meditação à luz da Palavra de Deus

Animador(a): Em sua maioria, as mulheres são as que mais participam das comunidades eclesiais e dos movimentos. É importante que os homens procurem, espelhando-se em José, ser mais fiéis às orações, às práticas religiosas e aos serviços diversos que toda comunidade demanda.

- Qual você acha que é o motivo de os homens não participarem tanto da comunidade?
- De que forma eles poderiam participar mais, não somente da comunidade, mas também das tarefas domésticas?
- Que passos foram dados para que os homens sejam mais colaborativos nas tarefas domésticas, nos grupos e nas comunidades?

5. Preces dos fiéis
(e sonhos da comunidade)

Animador(a): Rezemos a Deus, pedindo a intercessão de São José, dizendo:

R.: *São José, rogai por nós que recorremos a vós.*

- Por todos os adultos, jovens e crianças que participam de nossa comunidade, rezemos ao Senhor...
- Por todas as pessoas, mulheres e homens, que trabalham por um mundo melhor, rezemos ao Senhor...
- Por todos os pais e as mães que procuram educar seus filhos e filhas com diálogo e compreensão, rezemos ao Senhor...
- Por todas as pessoas que, como Maria, guardam as coisas em seu coração e as apresentam tudo diante de Deus, rezemos ao Senhor...
- Por todas as crianças, adolescentes e jovens de nossa comunidade, para que tenham a oportunidade de crescer em estatura, graça e sabedoria, rezemos ao Senhor...
- Por todas as pessoas de nossa comunidade, sobretudo os educadores e as lideranças cristãs, que ajudam na formação de nossas crianças, adolescentes e jovens, rezemos ao Senhor...

(Preces espontâneas.)

6. Pedido de graça

"Oração a São José sonhador"

Animador(a): Rezemos:

Meu querido São José, dormindo e sonhando:
aprendemos, com o Evangelho, que até dormindo
escutaste a voz de Deus com a prontidão de praticá-la.
Hoje, confiante em tua preciosa intercessão,
consagro-te as alegrias e as tristezas de cada dia.
Consagro-te minha vida, minha casa, minha família
e meu trabalho.
Ajuda-me a te imitar sendo uma pessoa de bem,
vivendo o amor, o perdão, a justiça e a verdade.
Quero seguir o teu caminho de fé,
esperança e amor, sonhando com um mundo mais
justo e fraterno.
Agora eu te peço, meu querido São José sonhador,
sonha com este meu pedido junto de Deus e
intercede por mim alcançando-me esta graça...

(Em silêncio, com confiança, fazer seu pedido.)

Como és padroeiro da Igreja universal,
do Ceará e de tantos lugares,

padroeiro das chuvas e dos trabalhadores,
com o auxílio do Espírito Santo,
assumo, diante de ti e dos que rezam comigo,
o desejo de transformar sonhos em realidade,
na minha vida, na minha família e na nossa comunidade.
Amém.

7. Gesto orante

Animador(a): Segundo uma tradição antiga, devemos colocar perto de São José sonhador o papel no qual escrevemos nossos sonhos ou, então, em silêncio, confiarmos a ele os sonhos que temos no nosso coração, enquanto cantamos e meditamos...

Canto de meditação

"Eu quero ver" (Zé Vicente)

8. Oração de filiação a Deus

Animador(a): Assim como qualquer criança, Jesus aprendeu a pronunciar "papai" olhando para uma pessoa real: José. Mas, certamente, Maria e José também o ensinaram a chamar a Deus de *Abbá*, Pai, Papaizinho. Assim, com a mesma familiaridade, rezemos a oração que o Senhor ensinou aos seus discípulos, dizendo: *Pai nosso...*

9. Oração final (Papa Francisco)
Animador(a): Oremos.

(Juntos ou individualmente.)

Ó bondoso São José:
"A vós, Deus confiou o seu Filho;
em vós, Maria depositou a sua confiança;
convosco, Cristo tornou-se humano como nós!
Ó bem-aventurado José,
mostrai-vos pai também para nós
e guiai-nos no caminho da vida.
Alcançai-nos graça, misericórdia e coragem,
e defendei-nos de todo o mal".
Amém.

10. Bênção e despedida
Animador(a) ou cada pessoa individualmente: Com Jesus, Maria e José, peçamos a Deus que nos abençoe

e nos guarde, mostre sua face amiga e nos dê a paz.
Em nome do Pai, do Filho e do Espírito Santo. Amém.

Canto final

"Hino de São José" (D.R.)

6º Dia
São José, o sonho com lugar para chamar de seu

1. Canto de abertura

"Nas horas de Deus, amém!" (Zé Vicente)

2. Motivação

Animador(a): José, em sonho, é avisado, primeiro, para fugir para o Egito e, depois, para não voltar a Belém, por conta de novas perseguições. Então decide ir com Maria e o Menino para Nazaré, onde criariam Jesus. Além dos sonhos que o alertavam do perigo, ele sonhava acordado, com um lugar seguro para sua família, onde pudesse trabalhar, ser feliz e criar seu Filho.

Como José, muitos homens e mulheres precisam deixar sua terra natal para escapar dos riscos da seca ou da falta de trabalho, dos perigos ou da falta de segurança alimentar. São muitas as pessoas que deixam o interior, indo para a capital de seu estado, ou até para outros estados ou mesmo para outro país, em busca de melhores condições de trabalho e de vida.

3. Escuta da Palavra de Deus:
O sonho com um lugar para viver e sonhar

Aclamação

(À escolha.)

Leitor(a): A boa notícia de Jesus Cristo, segundo Mateus (2,13-23)

> [13]Depois que os magos se retiraram, o anjo do Senhor apareceu em sonho a José e lhe disse: "Levanta-te, toma o menino e sua mãe e foge para o Egito! Fica lá até que eu te avise, porque Herodes vai procurar o menino para matá-lo". [14]José levantou-se, de noite, com o menino e a mãe, e retirou-se para o Egito; [15]e lá ficou até à morte de Herodes. Assim se cumpriu o que o Senhor tinha dito pelo profeta: "Do Egito chamei o meu filho". [16]Quando Herodes percebeu que os magos o tinham enganado, ficou furioso. Mandou matar todos os meninos de Belém e de todo o território vizinho, de dois anos para baixo, de acordo com o tempo indicado pelos magos. [17]Assim se cumpriu o que foi dito pelo profeta

Jeremias: [18]"Ouviu-se um grito em Ramá, choro e grande lamento: é Raquel que chora seus filhos e não quer ser consolada, pois não existem mais".

[19]Quando Herodes morreu, o anjo do Senhor apareceu em sonho a José, no Egito, [20]e lhe disse: "Levanta-te, toma o menino e sua mãe, e volta para a terra de Israel; pois já morreram aqueles que queriam matar o menino". [21]Ele levantou-se, com o menino e a mãe, e entrou na terra de Israel. [22]Mas quando soube que Arquelau reinava na Judeia, no lugar de seu pai Herodes, teve medo de ir para lá. Depois de receber em sonho um aviso, retirou-se para a região da Galileia [23]e foi morar numa cidade chamada Nazaré. Isso aconteceu para se cumprir o que foi dito pelos profetas: "Ele será chamado nazareno".

Palavra da salvação.

4. Partilha da vida ou meditação à luz da Palavra de Deus

Animador(a): José, em sonho, recebeu a mensagem do anjo para fugir para o Egito, por causa da perseguição de Herodes e da morte de inocentes. Mas queria voltar para seu país de origem e, por isso, esperou um sinal de Deus que indicasse não haver mais ameaças. Ele sonhava não só dormindo, mas também acordado, desejando que sua família estivesse longe do perigo.

- Por que muitas pessoas são obrigadas a deixar sua terra natal?
- Como nossa comunidade poderia buscar melhores condições de vida para que as pessoas pudessem permanecer em sua cidade, desfrutando de segurança alimentar, moradia digna, estudos e trabalho?

5. Preces dos fiéis
(e sonhos da comunidade)

Animador(a): Rezemos a Deus, pedindo a intercessão de São José, dizendo:

R.: *São José, rogai por nós que a ti recorremos.*

- Pelas pessoas que tiveram que se deslocar para outro estado, em busca de trabalho e oportunidades, rezemos ao Senhor...
- Pelas pessoas que partiram para lugares próximos, rezemos ao Senhor...
- Pelas pessoas que permanecem em nossa comunidade porque não têm sequer para onde ir, rezemos ao Senhor...

- Por aquelas pessoas que partiram em razão de conflitos na família ou com outras pessoas do local, rezemos ao Senhor...
- Pelas pessoas que vivem em nossa comunidade e precisam de melhores condições de vida, trabalho e oportunidades, rezemos ao Senhor...

(Preces espontâneas.)

6. Pedido de graça

"Oração a São José sonhador"

Animador(a): Rezemos:

Meu querido São José, dormindo e sonhando:
aprendemos, com o Evangelho, que até dormindo
escutaste a voz de Deus com a prontidão de praticá-la.
Hoje, confiante em tua preciosa intercessão,
consagro-te as alegrias e as tristezas de cada dia.
Consagro-te minha vida, minha casa,
minha família e meu trabalho.
Ajuda-me a te imitar sendo uma pessoa de bem,
vivendo o amor, o perdão, a justiça e a verdade.

Quero seguir o teu caminho de fé,
esperança e amor, sonhando com um mundo
mais justo e fraterno.
Agora eu te peço, meu querido São José sonhador,
sonha com este meu pedido junto de Deus e
intercede por mim alcançando-me esta graça...

(Em silêncio, com confiança, fazer seu pedido.)

Como és padroeiro da Igreja universal,
do Ceará e de tantos lugares,
padroeiro das chuvas e dos trabalhadores,
com o auxílio do Espírito Santo,
assumo, diante de ti e dos que rezam comigo,
o desejo de transformar sonhos em realidade,
na minha vida, na minha família e na nossa comunidade.
Amém.

7. Gesto orante

Animador(a): Segundo uma tradição antiga, devemos colocar perto de São José sonhador o papel no qual escrevemos nossos sonhos ou, então, em silêncio, confiarmos a ele os sonhos que temos no nosso coração, enquanto cantamos e meditamos...

Canto de meditação

"Eu quero ver" (Zé Vicente)

8. Oração de filiação a Deus
Animador(a): Assim como qualquer criança, Jesus aprendeu a pronunciar "papai" olhando para uma pessoa real: José. Mas, certamente, Maria e José também o ensinaram a chamar a Deus de *Abbá*, Pai, Papaizinho. Assim, com a mesma familiaridade, rezemos a oração que o Senhor ensinou aos seus discípulos, dizendo: *Pai nosso...*

9. Oração final (Papa Francisco)
Animador(a): Oremos.

(Juntos ou individualmente.)

Ó bondoso São José:
"A vós, Deus confiou o seu Filho;
em vós, Maria depositou a sua confiança;
convosco, Cristo tornou-se humano como nós!

Ó bem-aventurado José,
mostrai-vos pai também para nós
e guiai-nos no caminho da vida.
Alcançai-nos graça, misericórdia e coragem,
e defendei-nos de todo o mal".
Amém.

10. Bênção e despedida
Animador(a) ou cada pessoa individualmente: Com Jesus, Maria e José, peçamos a Deus que nos abençoe e nos guarde, mostre sua face amiga e nos dê a paz. Em nome do Pai, do Filho e do Espírito Santo. Amém.

Canto final

"Hino de São José" (D.R.)

7º Dia
São José, o sonho do povo trabalhador

1. Canto de abertura

"Nas horas de Deus, amém!" (Zé Vicente)

2. Motivação

Animador(a): Segundo a tradição, José saiu da Judeia e foi à Galileia para fugir de uma grande seca e para buscar melhores condições de exercer seu ofício de carpinteiro. Fixou-se em Nazaré, onde viveu com Jesus e Maria, trabalhando e educando seu Filho segundo as tradições de seu povo, da igreja (sinagoga) e da comunidade. Jesus não foi valorizado como profeta em sua própria terra, além disso, a localidade em que vivia era vista com desprezo, como ocorre com as cidades do interior e as periferias. Também nós, muitas vezes, somos desprezados ou desrespeitamos pessoas pelo seu lugar de origem.

3. Escuta da Palavra de Deus: O sonho com melhores condições de vida e de trabalho

Aclamação

(À escolha.)

Leitor(a): O tema de hoje faz parte de uma grande tradição, e encontramos trechos sobre ele em algumas passagens dos evangelistas que vamos recordar aqui. A boa notícia de Jesus Cristo, segundo Mateus (13,54-58)

> [53] Quando Jesus terminou de contar essas parábolas, partiu dali. [54] Ele foi para sua própria cidade e se pôs a ensinar na sinagoga local, de modo que ficaram admirados. Diziam: "De onde lhe vêm essa sabedoria e esses milagres? [55] Não é ele o filho do carpinteiro? Sua mãe não se chama Maria, e seus irmãos não são Tiago, José, Simão e Judas? [56] E suas irmãs não estão todas conosco? De onde, então, lhe vem tudo isso?" [57] E mostravam-se chocados com ele. Jesus, porém, disse: "Um profeta só não é valorizado em sua própria cidade e na sua própria casa!" [58] E não fez ali muitos milagres, por causa da incredulidade deles.

João 1,43-46

⁴³No dia seguinte, ele decidiu partir para a Galileia e encontrou Filipe. Jesus disse a este: "Segue-me!" (⁴⁴ Filipe era de Betsaida, a cidade de André e de Pedro.) ⁴⁵Filipe encontrou-se com Natanael e disse-lhe: "Encontramos Jesus, o filho de José, de Nazaré, aquele sobre quem escreveram Moisés, na Lei, bem como os Profetas". ⁴⁶Natanael perguntou: "De Nazaré pode sair algo de bom?" Filipe respondeu: "Vem e vê!".

Palavra da salvação.

4. Partilha da vida ou meditação à luz da Palavra de Deus

Animador(a): José, em sonho, recebeu a mensagem do anjo para voltar do Egito, mas também sonhou com um lugar onde pudesse viver com a família e ter oportunidade de trabalho e educação. Hoje, importa pensarmos tanto nas condições de trabalho para mães e pais quanto nas de estudos e educação para que as novas gerações possam ter uma vida melhor.

- Como nossa comunidade é vista pelas demais? Será que nós também desprestigiamos as outras comunidades, sobretudo as mais simples? Ou sequer participamos de uma comunidade de fé?

- Quais as oportunidades de trabalho de nossa comunidade e da nossa região? Como valorizar mais as oportunidades de estudo e educação em geral para as novas gerações?
- Como melhorar essas condições para que os jovens possam ter uma vida melhor no futuro e até contribuírem com a própria terra natal?

5. Preces dos fiéis
(e sonhos da comunidade)

Animador(a): Rezemos a Deus, pedindo a intercessão de São José, dizendo:

R.: *São José, rogai por nós que a ti recorremos.*

- Para que valorizemos a nossa comunidade e as pessoas que nos ajudam a crescer, rezemos ao Senhor...
- Para que saibamos reconhecer os valores de outras comunidades e não desprezemos as pessoas pelas suas origens, rezemos ao Senhor...
- Para que possamos valorizar "profetas" e "profetizas" de nossa terra, aquelas pessoas que nos ajudam a crescer como comunidade de fé e de vida, rezemos ao Senhor...

- Para que possamos apreciar "profetas" e "profetizas" da chuva, tradições antigas que valorizam a sabedoria popular, rezemos ao Senhor...
- Para que sejamos mais solidários com as pessoas que sofrem por falta de condições de vida e trabalho, rezemos ao Senhor...

(Preces espontâneas.)

6. Pedido de graça
"Oração a São José sonhador"

Animador(a): Rezemos:

Meu querido São José, dormindo e sonhando:
aprendemos, com o Evangelho, que até dormindo
escutaste a voz de Deus com a prontidão de praticá-la.
Hoje, confiante em tua preciosa intercessão,
consagro-te as alegrias e as tristezas de cada dia.
Consagro-te minha vida, minha casa,
minha família e meu trabalho.
Ajuda-me a te imitar sendo uma pessoa de bem,
vivendo o amor, o perdão, a justiça e a verdade.
Quero seguir o teu caminho de fé,

esperança e amor, sonhando com um mundo
mais justo e fraterno.
Agora eu te peço, meu querido São José sonhador,
sonha com este meu pedido junto de Deus e
intercede por mim alcançando-me esta graça...

(Em silêncio, com confiança, fazer seu pedido.)

Como és padroeiro da Igreja universal,
do Ceará e de tantos lugares,
padroeiro das chuvas e dos trabalhadores,
com o auxílio do Espírito Santo,
assumo, diante de ti e dos que rezam comigo,
o desejo de transformar sonhos em realidade,
na minha vida, na minha família e na nossa comunidade.
Amém.

7. Gesto orante

Animador(a): Segundo uma tradição antiga, devemos colocar perto de São José sonhador o papel no qual escrevemos nossos sonhos ou, então, em silêncio, confiarmos a ele os sonhos que temos no nosso coração, enquanto cantamos e meditamos...

Canto de meditação

"Eu quero ver" (Zé Vicente)

8. Oração de filiação a Deus
Animador(a): Assim como qualquer criança, Jesus aprendeu a pronunciar "papai" olhando para uma pessoa real: José. Mas, certamente, Maria e José também o ensinaram a chamar a Deus de *Abbá*, Pai, Papaizinho. Assim, com a mesma familiaridade, rezemos a oração que o Senhor ensinou aos seus discípulos, dizendo: *Pai nosso...*

9. Oração final (Papa Francisco)
Animador(a): Oremos.

(Juntos ou individualmente.)

Ó bondoso São José:
"A vós, Deus confiou o seu Filho;
em vós, Maria depositou a sua confiança;
convosco, Cristo tornou-se humano como nós!
Ó bem-aventurado José,
mostrai-vos pai também para nós

e guiai-nos no caminho da vida.
Alcançai-nos graça, misericórdia e coragem,
e defendei-nos de todo o mal".
Amém.

10. Bênção e despedida

Animador(a) ou cada pessoa individualmente: Com Jesus, Maria e José, peçamos a Deus que nos abençoe e nos guarde, mostre sua face amiga e nos dê a paz. Em nome do Pai, do Filho e do Espírito Santo. Amém.

Canto final

"Hino de São José" (D.R.)

8º Dia
São José, o sonho com a boa morte

1. Canto de abertura

"Nas horas de Deus, amém!" (Zé Vicente)

2. Motivação

Animador(a): Segundo uma tradição antiga, José é o patrono da boa morte, porque morreu ao lado de Maria e de Jesus e foi por eles consolado. Rezemos para que cada família seja abençoada, na alegria e na tristeza, na saúde e na doença, da hora do nascimento até a morte. Em um breve artigo, Leonardo Boff (IHU, 23 março de 2021) recolheu um importante escrito antigo sobre São José, que, embora não esteja na Bíblia, pode inspirar-nos e aumentar nossa devoção a esse grande santo, reconhecido muito tardiamente pela própria Igreja.

"As informações sobre a morte de São José se encontram apenas num Evangelho apócrifo (não canônico):

A história de José, o carpinteiro, escrito entre os séculos IV e V no Egito (Editora Vozes, 1990). Trata-se de uma longa narrativa na qual Jesus conta aos apóstolos como era seu pai José e como morreu. O apócrifo contextualiza sua vida e sua morte, testemunhando que, ao voltar do exílio forçado no Egito, foi viver em Nazaré, onde 'meu pai José, o ancião bendito, continuou exercendo a profissão de carpinteiro e, assim, com o trabalho de suas mãos, pudemos nos manter; jamais se poderá dizer que comeu seu pão sem trabalhar' (c. IX).

Mas chegou um momento, já em avançada idade, que adoeceu: 'perdeu a vontade de comer e de beber; e sentiu vacilar a habilidade no desempenho de seu ofício' (c. XV). Narra com pormenores que, deitado na cama, 'ficou extremamente agitado' e começou a se lamentar proferindo muitos ais (c. XV e XVI). Ao ouvir tais ais, Jesus diz: 'adentrei no aposento em que se encontrava e saudei-o: salve, José, meu querido pai, ancião bondoso e bendito'. Ao que José retrucou: 'Salve, mil vezes, querido filho! Ao ouvir tua voz, minha alma recobrou a sua tranquilidade' (c. XVII). Não demorou muito e ocorreu o desenlace: 'meu pai exalou sua alma com um grande suspiro' (c. XXI). E conclui: 'eu, então, me atirei sobre o corpo de meu pai José; fechei seus olhos, cerrei sua boca e levantei-me para contemplá-lo' (c. XXIV). No momento em que é levado ao túmulo, comenta Jesus: 'Veio-me à mente a recordação do dia em que me levou ao Egito e das grandes tribulações que suportou por mim. Não me contive e lancei-me sobre seu corpo e chorei longamente' (c. XXVII).

Por fim, terminando sua narrativa, Jesus faz um pedido aos apóstolos: 'Quando fordes revestidos de minha força e receberdes o Sopro de meu Pai, isto é, do Espírito Paráclito, e fordes enviados a pregar o Evangelho, pregai também a respeito de meu querido pai José' (c. XXX)".

De fato, não temos nenhum registro, nas Escrituras, da morte de José. Mas, no momento da crucifixão e antes da morte de Jesus, o pedido do Mestre agonizante ao discípulo amado reflete bem a preocupação com sua Mãe, Maria, viúva, que ficaria desamparada.

3. Escuta da Palavra de Deus: Que Deus nos dê uma boa morte!

Aclamação

(À escolha.)

Leitor(a): A boa notícia de Jesus Cristo, segundo João (19,25-27)

> [25]Junto à cruz de Jesus, estavam de pé sua mãe e a irmã de sua mãe, Maria de Cléofas, e Maria Madalena. [26]Jesus, ao ver sua mãe e, ao lado dela, o discípulo que ele amava, disse à mãe: "Mulher, eis o teu filho!" [27]Depois disse ao discípulo: "Eis a tua mãe!" A partir daquela hora, o discípulo a acolheu no que era seu.

Palavra da salvação.

4. Partilha da vida ou meditação à luz da Palavra de Deus

Animador(a): Nos dias de hoje, chegam a nós notícias de vários tipos de mortes. Todas causam tristeza, mas existem algumas que provocam indignação, medo e angústia: as mortes violentas, por falta de assistência de saúde, prematuras, repentinas, por desgosto etc. Sobretudo no período da pandemia, vivemos muitas situações tristes e desesperadoras, inclusive vendo familiares sofrerem por não ser possível se despedir ou fazer um sepultamento digno para seu ente querido.

Recordemos, entre nós:
- Quais os tipos de morte que julgamos mais chocantes e tristes?
- Partilhemos: o que poderia ser considerado uma "boa morte"?

5. Preces dos fiéis
(e sonhos da comunidade)

Animador(a): Rezemos a Deus, pedindo a intercessão de São José, dizendo:

R.: *São José, rogai por nós que a ti recorremos.*

- Pelas pessoas que morrem de forma repentina e violenta, deixando desesperadas as famílias, rezemos ao Senhor...
- Pelas pessoas que morrem sozinhas e desamparadas, rezemos ao Senhor...
- Pelas pessoas que morrem prematuramente, por doença ou falta de tratamento, rezemos ao Senhor...
- Pelas pessoas que morrem de desgosto ou angustiadas, rezemos ao Senhor...
- Pelas pessoas que tiram a própria vida, rezemos ao Senhor...

- Pelas pessoas que morrem sem assistência médica, por falta de condições, rezemos ao Senhor...
- Pelas pessoas que morrem lutando por um mundo melhor, rezemos ao Senhor...
- Pelas pessoas que morrem com o sentimento de "missão cumprida", rezemos ao Senhor...

(Preces espontâneas.)

6. Pedido de graça
"Oração a São José sonhador"

Animador(a): Rezemos:

Meu querido São José, dormindo e sonhando:
aprendemos, com o Evangelho, que até dormindo
escutaste a voz de Deus com a prontidão de praticá-la.
Hoje, confiante em tua preciosa intercessão,
consagro-te as alegrias e as tristezas de cada dia.
Consagro-te minha vida, minha casa,
minha família e meu trabalho.
Ajuda-me a te imitar sendo uma pessoa de bem,
vivendo o amor, o perdão, a justiça e a verdade.
Quero seguir o teu caminho de fé,

esperança e amor, sonhando com um mundo
mais justo e fraterno.
Agora eu te peço, meu querido São José sonhador,
sonha com este meu pedido junto de Deus e
intercede por mim alcançando-me esta graça...

(Em silêncio, com confiança, fazer seu pedido.)

Como és padroeiro da Igreja universal,
do Ceará e de tantos lugares,
padroeiro das chuvas e dos trabalhadores,
com o auxílio do Espírito Santo,
assumo, diante de ti e dos que rezam comigo,
o desejo de transformar sonhos em realidade,
na minha vida, na minha família
e na nossa comunidade.
Amém.

7. Gesto orante
Animador(a): Segundo uma tradição antiga, devemos colocar perto de São José sonhador o papel no qual escrevemos nossos sonhos ou, em silêncio, confiarmos

a ele os sonhos que temos no nosso coração, enquanto cantamos e meditamos...

Canto de meditação

"Eu quero ver" (Zé Vicente)

8. Oração de filiação a Deus
Animador(a): Assim como qualquer criança, Jesus aprendeu a pronunciar "papai" olhando para José. Mas, certamente, Maria e José também o ensinaram a chamar a Deus de *Abbá*, Pai, Papaizinho. Assim, com a mesma familiaridade, rezemos a oração que o Senhor ensinou a seus discípulos, dizendo: *Pai nosso...*

9. Oração final (Papa Francisco)
Animador(a): Oremos.

(Juntos ou individualmente.)

Ó bondoso São José:
"A vós, Deus confiou o seu Filho;
em vós, Maria depositou a sua confiança;
convosco, Cristo tornou-se humano como nós!

Ó bem-aventurado José, mostrai-vos pai também para nós e guiai-nos no caminho da vida.
Alcançai-nos graça, misericórdia e coragem,
e defendei-nos de todo o mal".
Amém.

10. Bênção e despedida
Animador(a) ou cada pessoa individualmente: Com Jesus, Maria e José, peçamos a Deus que nos abençoe e nos guarde, mostre sua face amiga e nos dê a paz. Em nome do Pai, do Filho e do Espírito Santo. Amém.

Canto final
"Hino de São José" (D.R.)

9º Dia
Ofício de São José Sonhador

(Para quem não teve a oportunidade de participar da Eucaristia na solenidade de São José, patrono da Igreja Universal, proponho um ofício, adaptado a partir das Vésperas.)

1. Início
V.: Sede em meu favor, Deus onipotente,
R.: Em me socorrer sede diligente.

Glória seja ao Pai, ao Filho e ao Amor
também, que é um só Deus em pessoas três.
Agora e sempre e sem fim. Amém.

2. Hino
Morto o rei tirano, sabendo o sucesso,
logo à Galileia estás de regresso.
Com Jesus Menino e a Virgem Sagrada
lá em Nazaré, fixaste morada.

E todos diziam ser Jesus o herdeiro,
Filho de José, hábil carpinteiro.
Nas mãos de Jesus pôs a plaina, a serra,
pois não quis que, em ócio, vivesse na terra.

E o que construíra o orbe setenário,
derramou suores qual um operário.
Fostes assim José mestre carpinteiro,
dentre os aprendizes Jesus foi o primeiro.

Os Santos Patriarcas altamente honraste,
pois o pão da vida com amor guardaste.
Santo poderoso, aos devotos teus,
pede ao Cristo amado guiar-nos lá dos céus.

3. Salmo 1

"Feliz quem escuta a Palavra de Deus e a pratica"
(Lc 11,28)

[1]Feliz o homem que não andou conforme
o plano dos perversos,
não se colocou de pé no caminho dos pecadores
e não se sentou no assento dos zombadores!

²Pelo contrário, seu apreço é pela instrução do Senhor:
dia e noite sussurra a instrução dele.
³Será como uma árvore
plantada junto a canais de água,
que dá seu fruto a seu tempo
e cuja folhagem não murcha.
Tudo o que faz terá êxito.
⁴Não são assim os perversos:
pelo contrário, são como o debulho que o vento dispersa.
⁵Por isso, os perversos não se levantarão no julgamento,
nem os pecadores na comunidade dos justos.
⁶Porque o Senhor conhece o caminho dos justos:
o caminho dos perversos, porém, perecerá.

4. Cantar ou rezar

"Nas horas de Deus, amém!" ou "Eu quero ver" (Zé Vicente)

5. Evangelho do dia (Lc 2,41-51a)

6. Responsório breve

(Na Quaresma:)

R.: *O justo como o lírio brotará.*

R.: *O justo...*

V.: E florirá ante o Senhor eternamente.

R.: *O justo...*
Glória ao Pai, ao Filho e ao Espírito Santo.
R.: *O justo...*

(No tempo pascal:)

R.: O justo como o lírio brotará. Aleluia, aleluia.
R.: *O justo...*
V.: E florirá ante o Senhor eternamente. Aleluia, aleluia.
R.: *O justo...*
Glória ao Pai, ao Filho e ao Espírito Santo.
R.: *O justo...*

7. Preces

Invoquemos a Deus, fonte de toda a paternidade, dizendo:

R.: *Por intercessão de São José, rogai por nós!*

- São José foi um esposo exemplar para Maria: Pai Santo, inspirai os casais para que aprendam a amar e respeitar um ao outro...

- São José era um homem justo: Pai Santo, ajudai-nos a trabalhar por um mundo mais justo e mais fraterno...

- São José, com um coração de pai, amou Jesus: Pai Santo, fazei com que os que exercem a função de pai, amem seus filhos e filhas de todo coração...
- São José foi uma pessoa discreta, silenciosa e prática: Pai Santo, ajudai-nos a transformar nossas boas intenções em boas obras...
- São José é patrono das pessoas migrantes e refugiadas, de quem não tem lugar fixo para viver: Pai Santo, ensinai-nos a ajudar a quem mais necessita...
- São José é patrono das pessoas trabalhadoras e desempregadas: Pai Santo, ajudai-nos a promover melhores condições de trabalho em nosso país...
- São José é considerado pelo povo como padroeiro da boa morte: Pai Santo, ajudai-nos a cuidar das pessoas doentes e idosas, para que vivam dignamente até o fim de seus dias...

(Em silêncio, apresentar os pedidos e as súplicas.)

8. Pai-Nosso

9. Oração final

Salve, guardião do Redentor e esposo da Virgem Maria!
A vós, Deus confiou o seu Filho;
em vós, Maria depositou a sua confiança;
convosco, Cristo tornou-se homem.
Ó Bem-aventurado José,
mostrai-vos pai também para nós
e guiai-nos no caminho da vida.
Alcançai-nos graça, misericórdia e coragem,
e defendei-nos de todo o mal.
Amém.
(Papa Francisco, Carta apostólica *Patris Corde,* 2020)

10. Canto final

"Hino de São José" (D.R.)

Cantos

Sugerimos os cantos abaixo, que podem ser encontrados nas plataformas e aplicativos de streaming de música, especialmente de Paulinas-COMEP. Além desses cantos, outras playlists já montadas de música em honra a São José podem ser encontradas.

Nas horas de Deus, amém!
(Zé Vicente)

1. Nas horas de Deus, amém!
Pai, Filho e Espírito Santo!
Nas horas de Deus, amém!
Pai, Filho e Espírito Santo!

Luz de Deus em todo canto,
nas horas de Deus, amém!
Luz de Deus em todo canto,
nas horas de Deus, amém!

2. Nas horas de Deus, amém!
Que São José nos proteja!
Nas horas de Deus, amém!
Que São José nos proteja!

Com fé e muita peleja,
nas horas de Deus, amém!
Com fé e muita peleja,
nas horas de Deus, amém!

3. Nas horas de Deus, amém!
Que a colheita seja boa!
Nas horas de Deus, amém!
Que a colheita seja boa!

Que ninguém mais vague à toa,
nas horas de Deus, amém!
Que ninguém mais vague à toa,
nas horas de Deus, amém!

4. Nas horas de Deus, amém!
Deus abençoe o seu povo!

Nas horas de Deus, amém!
Deus abençoe o seu povo!

E alimente um sonho novo
nas horas de Deus, amém!
E alimente um sonho novo
nas horas de Deus, amém!

Eu quero ver
(Zé Vicente)

Eu quero ver, eu quero ver, acontecer
um sonho bom, sonho de muitos acontecer.

Nascendo da noite escura,
a manhã futura trazendo amor.
No vento da madrugada,
a paz tão sonhada brotando em flor.
Nos braços da Estrela-Guia,
a alegria chegando da dor.
Na sombra verde e florida,
crianças em vida brincando de irmãos.

No rosto da juventude,
sorriso e virtude virando canção.
Alegre e feliz camponês,
entrando de vez na posse do chão.

Eu quero ver, eu quero ver...

Um sorriso em cada rosto, uma flor em cada mão.
A certeza na estrada, o amor no coração.
E uma semente nova escondida em cada
palmo de chão.

Sonho que se sonha só pode ser pura ilusão.
Sonho que se sonha juntos é sinal de solução.
Companheira, companheiro, vamos ligeiros
sonhar em mutirão.

Eu quero ver, eu quero ver, acontecer
um sonho bom, sonho de muitos acontecer.

Divino recado
(Zé Vicente)

Mensageiro que Deus enviou,
veio trazendo divino recado,
ora menina, o anjo anunciou
que o seu Deus estava apaixonado!

Ela disse "sim" e se entregou,
e o dia da graça enfim começou,
e o amor se fez corpo no corpo de mulher,
de Maria de Nazaré!

Carpinteiro e trabalhador,
de Maria enamorado,
se envolveu no mistério do amor
e de Deus se tornou aliado.

Ele disse "sim", também aceitou,
e a vida, enfim, alegrou, cantou,
e o amor se fez Filho de um homem de fé,
de um artista chamado José!

Companheiro e libertador
do divino, o Filho amado,
todo cheio da graça e do ardor,
aos mais pobres se fez consagrado.

Ele disse "sim" e se encarnou,
e a boa notícia, enfim, se escutou,
e o amor se fez gente como a gente é,
em Jesus, homem de Nazaré!

Hino de São José
(Intérpretes: Pe. Lúcio Floro /
Ir. Miria T. Kolling - D.R.)

1. Vinde, alegres cantemos!
A Deus demos louvor.
A um Pai exaltemos
sempre com mais fervor.

São José, a vós nosso amor.
Sede o nosso bom protetor,
aumentai o nosso fervor!

2. São José triunfante
vai a glória gozar.
E pra sempre reinante
no Senhor repousar.

3. Vós, Esposo preclaro,
amantíssimo pai,
dos cristãos firme amparo,
este canto aceitai!

4. José, por um decreto
de Deus, o Criador,
desposastes, discreto,
a Mãe do Salvador.

5. Quis o Verbo divino
dar-vos nome de Pai;
um glorioso destino
para nós implorai!

6. Ao Senhor, já nascido,
amoroso abraçais;

lá, no Egito, fugido,
do perigo o salvais.

7. Do Ceará padroeiro,
aclamado com fé.
Nosso povo inteiro,
vem a vós, São José.

8. Vossa grande valia
venha nos socorrer!
Com Jesus e Maria,
Ó, possamos morrer!

9. Ó Trindade inefável,
a oração escutai!
De quem nos ama afável
de José, nosso Pai.

Orações

Angelus em honra de São José

V.: O Anjo do Senhor apareceu em sonho a José.
R.: Para que não abandonasse Maria.
Ave, José, cheio de graça, o Senhor é convosco,
bendito sois vós entre os homens e bendito é Jesus,
o fruto de Maria, vossa fiel esposa.
São José, Pai nutrício do Filho de Deus,
rogai por nós, pecadores, agora e na hora de nossa morte.
Amém.

V.: José, filho de Davi, não temas receber Maria por tua esposa.
R.: Porque o que dela vai nascer é fruto do Espírito Santo.
Ave, José...

V.: Ela dará à luz um filho, e tu lhe porás o nome de Jesus.
R.: Porque ele salvará o seu povo de seus pecados.
Ave, José...

V.: Rogai por nós, glorioso patriarca São José.
R.: Para que sejamos dignos das promessas de Cristo.

Oremos.

Sustentados pelo patrocínio
do Esposo de vossa Santíssima Mãe,
nós vos rogamos, Senhor, pela vossa misericórdia,
para que os nossos corações possam desprezar
todas as coisas terrenas e amar-vos,
verdadeiro Deus, com um amor perfeito.
Vós que viveis e reinais pelos séculos dos séculos.
Amém.
V.: Glória ao Pai, ao Filho e ao Espírito Santo.
R.: Como era no princípio, agora e sempre. Amém.

Súplica a São José

Glorioso São José, conjuro-vos, pelo coração paternal que Deus nos deu para com seu Divino Filho e pelo coração de Filho que Jesus teve para convosco, para que cuidai da santificação da minha vida. Sede vós mesmo meu diretor, meu guia, meu pai e meu modelo. Fazei-me humilde, enchei-me do espírito de oração e dai-me o mais generoso amor para com Jesus e Maria, a fim de que, imitando vossas virtudes, eu chegue à felicidade dos santos vossos escolhidos. Assim seja.

Oração a São José

São José, tu foste a árvore abençoada por Deus, não para dar frutos, mas para dar sombra, sombra protetora de Maria, tua esposa; sombra de Jesus que te chamou de pai e ao qual tu te entregaste totalmente: tua vida, feita de trabalho e de silêncio, me ensina a ser eficaz em todas as situações; me ensina, acima de tudo, a esperar na obscuridade e a ser firme na fé e no amor.

Que teu exemplo me acompanhe em todos os momentos: devo florescer onde a vontade do Pai me colocou, saber esperar, entregar-me sem reservas, até que a tristeza e alegria dos outros sejam minha própria tristeza e alegria. Amém.

V.: São José, pai adotivo de Jesus, verdadeiro esposo de Maria,

R.: *Rogai por nós!*

Cordel
7 sonhos de São José

Autoria: Antônio Marinho

Pai repleto de clemência
Anjo bom de Nazaré
Envia a tua assistência
Pai de Deus, meu São José!

Sabendo o anjo que eras
Forte, são, justo e bondoso
Somou tua fé em Deus
Com teu amor de esposo
Acreditaste que a cria
Brotou na Virgem Maria
Da luz do Espírito Santo
Dobraste a tua vigília
E transformaste a família
Na casa onde Deus tem canto

Pai repleto de clemência
Orienta meu destino
Como um dia orientaste
Os passos do Deus Menino!

Um anjo alerta José
Uma voz do infinito
Pede que deixe Belém
Em direção ao Egito
Com fé, sem medo de erro
José enfrenta o desterro
Sofre o degredo e conduz
Pelo deserto que ardia
A Santa Virgem Maria
E o Deus Menino Jesus

Pai repleto de clemência
Contigo o caminho é certo
Guia a minha consciência
Sob o sol deste deserto!

Mais uma vez vem um anjo
Da voz de Deus tendo porte
Anunciar que Herodes
Encontrara-se com a morte
Era segura a ideia
De voltar para a Judeia
Disse o Anjo do Senhor
De lá o Jesus criança
Faria a Nova Aliança
Com seu sangue Salvador

Pai repleto de clemência
Dá-me uma fé que só cresça
Faz meus olhos como os teus
Sempre que o anjo apareça!

Ainda no chão do Egito
Pronto pra ir à Judeia
José ouve de outro anjo
Que siga pra Galileia
Assim o bom São José
Seguiu para Nazaré

Crendo e levando em verdade
Sob a proteção do amor
O seu Filho redentor
E a Mãe da humanidade

São José, bom homem justo
Que eu tenha teu coração
Corajoso e complacente
Em silêncio e oração!

São José, por um momento
Sentiste o peso do engano
Provando que és de verdade
Divino cheio de humano
Mas tua fé mais um dia
Fez-te olhar para Maria
Como a luz dos dias teus
Guardando a santa missão
De nutrir a salvação
Dar luz ao Filho de Deus

São José, pai de clemência
Protege a minha família
Dá-me teu olhar atento
Sê luz pra minha vigília!

Construir uma família
É ter plena confiança
Que em cada casa o amor
Reflete a Nova Aliança
Um lar de afeto e concórdia
Espelha a misericórdia
Pela qual Deus nos dá fé
Todo lar é pastorado
Sobre o rastro do cajado
Sob a luz de São José

São José, que minha morte
Seja em paz, silêncio e luz
Sobre o colo de Maria
Sob as bênçãos de Jesus!

São José, te peço força
Que meu coração suporte
O peso da minha cruz
Dando-me uma boa morte
Que eu descanse com Maria
No Cristo e que minha guia
Tenha as cores do teu manto
Sob a luz do santo brilho
Em nome do Pai, do Filho
E do Espírito Santo!